Kristin Lückel (Hg.)

Traurig, maulig, quietsch-vergnügt

Geschichten von kleinen und großen Gefühlen

Mit Illustrationen von Naeko Ishida

Kaufmann Verlag

Bibliografische Information der Deutschen Bibliothek

Die Deutsche Bibliothek verzeichnet diese Publikation in der Deutschen Nationalbibliografie; detaillierte bibliografische Daten sind im Internet über http://dnb.ddb.de abrufbar.

1. Auflage 2015
©2015 Verlag Ernst Kaufmann, Lahr
Druck und Bindung:
ISBN 978-3-7806-2979-1

Inhalt

Du bist nicht mehr meine Freundin!
Dagmar Geisler 7

„Nie mehr ist Paula meine Freundin!" – da ist sich Lisa sicher. Und nichts kann Lisa trösten, weder Mamas Streicheleinheiten noch ihr absolutes Lieblingsessen. Doch dann klingelt das Telefon und Paula ist dran ...
Vom Schmollen und Grollen

Das kleine Windelmonster
Kristin Lückel 13

Oh Mann, warum muss Oliver immer mit seiner kleinen Schwester Emma spielen? Die ist doch noch ein Baby und kann ja gar nichts! Und das macht Oliver manchmal richtig wütend. Auch wenn Emma dann ganz erschrocken guckt ...
Von Eifersucht und Stolz

Kathrin geht verloren
Gabriele Beyerlein 21

Wie langweilig! – Kathrin hat keine Lust mehr, auf Papa zu warten. Viel lieber möchte sie Karussell fahren. Doch dann ist Papa auf einmal verschwunden. Was soll Kathrin jetzt nur machen?
Von Angst und Mut

Der Superflitzer
Katja Reider 25

Daniel hat ein supertolles Auto mit Fernsteuerung bekommen. Das muss er unbedingt seinem besten Freund zeigen! Tim will aber nicht nur gucken, sondern auch anfassen. Und dann geht das Auto auf einmal nicht mehr ...
Von schlechtem Gewissen und Versöhnung

3

Jetzt nicht, Paul!

Katharina Mauder 30

„Jetzt nicht!", sagt Papa ständig, und Paul findet das ultragemein. Nie hat Papa Zeit für ihn! Das ist alles nur die Schuld von dem blöden Computer, das weiß Paul ganz genau. Tja, da bleibt ihm wohl nur noch eines übrig: Attacke!!!
Vom Traurig- und Glücklichsein

Die Geschichte vom Schutzengel

Karin Jäckel 37

Petra hat zwei linke Hände. – Immer lassen die alles fallen! Und jetzt soll sie im Kindergarten auch noch ganz alleine den Tisch decken. Nein, das kann sie nicht! Oder doch?
Von Unsicherheit und Selbstbewusstsein

Flori und Jule können Freunde sein

Luise Holthausen 42

Juhu, endlich geht Flori in den Kindergarten. Das hat er sich schon so lange gewünscht. Aber dann darf er nicht mit den großen Kindern nach draußen. Und auf einmal ist es im Kindergarten ganz schrecklich – bis Jule auftaucht …
Von Enttäuschung und Freude

Mensch ärgere Dich nicht

Gudrun Mebs 48

Bäääh! Oma geht einfach Wäsche aufhängen. Dabei will Frieder doch unbedingt mit ihr spielen! – Aber was Oma kann, kann er schon lange. Dann spielt Frieder eben, dass er auch weg ist …
Vom Quengeln und Trotzen

Inhalt

Fette Franzi

Elisabeth Zöller/Brigitte Kolloch 54

Nein, Franzi will nicht mehr in den Kindergarten gehen! Christopher
sagt immer ganz böse Sachen, die Franzi richtig traurig machen. Aber
dann gibt Mama ihr eine Geheimwaffe …
Von Kummer und Sich-Behaupten

Nachmittagsfreunde

Sigrid Zeevaert 59

Leonard und Luise sind die besten Freunde – aber leider nur am Nach-
mittag. Denn in der Schule ärgern Leonard und die anderen Jungs die
Mädchen nur. Und das findet Luise so richtig doof …
Von Freundschaft und Mut

Kai kann's

Edith Schreiber-Wicke 65

„Kannst du denn nicht aufpassen?", fragt seine Mutter. Aber Kai kann
doch auch nichts dafür, wenn sich ihm Türklinken in den Weg stellen,
Kakaotassen über den Tisch springen und Pflastersteine boshaft aus der
Erde wachsen …
Von Ungeschicklichkeit und Zuversicht

Du bist nicht mehr meine Freundin!

Gerade kocht sich Mama in der Küche einen Tee. Sie ist ganz allein. Papa ist noch schnell zum Einkaufen gefahren, Simon ist mit dem Fahrrad unterwegs und Lisa, die Jüngste, spielt bei ihrer allerbesten Freundin Paula. Plötzlich hört Mama auf der Treppe ein lautes Stampfen. Was mag das sein? Kurz darauf klingelt es Sturm. Es hört sich an, als ob jemand den Klingelknopf mit der Faust bearbeiten würde.

Schnell öffnet Mama die Tür. Und wer steht draußen mit vor Wut blitzenden Augen, die geballten Fäuste tief in die Hosentaschen gebohrt? Lisa!

„Nie mehr!", brüllt Lisa und stampft wütend an Mama vorbei. „Nie mehr ist Paula meine beste Freundin!"

„Was ist denn passiert?", fragt Mama erschrocken. Aber Lisa schmeißt nur ihren Rucksack in die Ecke. Und zwar so heftig, dass Frau Susemihl herausfliegt.

„He, die Puppe kann doch nichts dafür!", sagt Mama und hebt Frau Susemihl hoch, die kopfüber in Papas Gummistiefel gelandet ist.

„Mir doch egal", knurrt Lisa und schleudert in hohem Bogen ihre Schuhe von sich.

„Was ist denn los, Lisa?", fragt Mama noch einmal und klaubt einen Schuh aus dem Schirmständer. Lisa antwortet nicht und rennt noch im Anorak wütend in ihr Zimmer.

Sie schmeißt sich aufs Bett und trommelt mit den Fäusten auf die Matratze. Mama setzt sich auf die Bettkante und streichelt Lisa vorsichtig übers Haar.

„Lass mich in Ruhe!", brüllt Lisa.

„Na, dann beruhig dich erst mal", seufzt Mama und geht zurück in die Küche. An der Tür dreht sie sich noch einmal um. „Falls du Durst hast, es gibt Früchtetee und Kekse."

Aber von Lisa kommt kein Mucks. Ratlos zuckt Mama mit den Schultern.

Nachdem sie ihren Tee getrunken, die Zeitung gelesen und schnell noch eine Waschmaschine mit Wäsche gefüllt hat, schaut Mama noch mal nach Lisa. Die liegt immer noch genauso auf dem Bett wie vorhin. „Willst du nicht wenigstens deinen Anorak ausziehen, Lisa?"

„Lass mich in Ruhe", brummt Lisa.

In dem Moment dreht sich ein Schlüssel im Schloss der Wohnungstür. „Hallo, ihr Lieben, ich bin wieder da!", ruft Papa

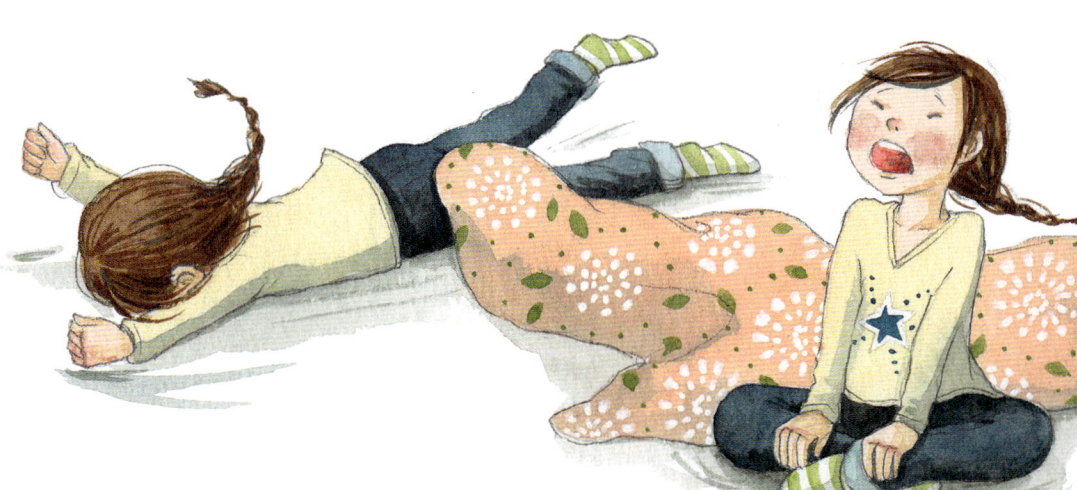

fröhlich und wuchtet die schwere Kiste mit den Einkäufen in den Flur. Er drückt Mama einen schnellen Kuss auf die Backe. „Ich hab Paulas Eltern im Supermarkt getroffen. Wir sind am Sonntag zum Kaffee eingeladen", erzählt er, während er seine Jacke an den Haken hängt.

„UUUAAAAAAH!", brüllt Lisa, die jetzt senkrecht auf dem Bett sitzt.

„Was ist denn los?", fragt Papa verständnislos.

„Lisa und Paula haben sich gestritten", erklärt Mama. „Das wird schon wieder."

„Nie mehr!", schreit Lisa. „Nie mehr ist Paula meine Freundin. Und ihr seid alle blöd!", fügt sie schluchzend hinzu.

„Hehehe, nun mal langsam", sagt Papa. „Was ist denn so Schreckliches passiert?"

Er geht ins Kinderzimmer und setzt sich zu Lisa aufs Bett. „Was ist denn passiert, dass sich Schneeweißchen und Rosenrot so

entzweit haben?", fragt er mit einem kleinen Schmunzeln.

Schneeweißchen und Rosenrot, das sagt er immer, weil Lisa im letzten Winter eine weiße Mütze hatte und Paula eine rosenrote. Sonst findet Lisa das immer lustig. Aber heute kann sie gar nicht darüber lachen.

„Lass mich in Ruhe!", heult sie laut, nimmt den Teddy, der ihr am nächsten sitzt, und pfeffert ihn gegen den Schrank.

Alle anderen Kuscheltiere fliegen hinterher. Sogar Knuddl Hase, den Lisa am allermeisten liebt, schmeißt sie quer durchs Zimmer.

„Willst du uns nicht erzählen, was los ist?", versucht Papa es noch einmal. Aber Lisa guckt nur finster vor sich hin.

Kurz vor dem Abendessen kommt Simon nach Hause.

„Mensch, hab ich einen Bärenhunger!", ruft er schon an der Tür und streift seine dreckigen Stiefel ab.

„Was gibt es denn?", fragt er und kommt schnuppernd in die Küche.

„Speckpfannkuchen und Salat", sagt Papa. „Aber geh erst mal zum Pfotenwaschen. Du siehst ja aus, als hättest du dich mit den Händen bis China durchgebuddelt."

„Essen ist fertig!", ruft Mama.

„Hab keinen Hunger!", ruft Lisa.

„He, es gibt aber dein absolutes Lieblingsessen", sagt Simon, als er vom Bad zurückkommt.

„Mir doch egal", brummt Lisa.

„Cool! Dann kann ich ja deine Portion mitessen", grinst Simon

„Mir doch egal!", brummt Lisa.

„Was ist denn los? Du machst ja ein Gesicht wie 'ne Gewitterziege."

„Lass mich in Ruhe!", schreit Lisa und streckt ihrem Bruder
die Zunge heraus.

„Gewitterziege, Gewitterziege!", singt Simon und schneidet
dazu seine verrücktesten Grimassen.

„Komm, lass sie zufrieden", sagt Mama und legt ihren Arm
um Simon. „Sie hatte einen schlimmen Streit mit ihrer Freundin. Deshalb ist sie so schlecht gelaunt."

„Paula ist nicht mehr meine Freundin!", ruft Lisa und Tränen
der Wut laufen ihr über die Backen.

„Mach dir nichts draus", versucht Simon zu trösten. „Der Lukas war auch schon ein paarmal nicht mehr mein Freund."

„Aber Paula ist nie, nie, nie mehr meine Freundin!", weint Lisa.
Und da weiß Simon auch nicht mehr weiter.

Die Speckpfannkuchen duften zwar sehr lecker, aber Lisa
rührt keinen Bissen an. Auch nicht vom Salat, obwohl ihn
Mama extra mit Mais gemacht hat.

Nach dem Essen, Lisa hat inzwischen missmutig ihren Schlafanzug angezogen, klingelt das Telefon.

„Ist für Lisa!", ruft Simon und reicht seiner Schwester das Telefon.

„Ja?", sagt Lisa. „Hmm! Okay! Bis dann!"

„Das war Paula!", sagt Lisa, als sie in die Küche gehopst
kommt. „Sie holt mich morgen zum Baden ab. Gibt's noch
Pfannkuchen? Jetzt hab ich irgendwie doch Hunger."

„Das verstehe, wer will", seufzt Simon.

Lisa verputzt drei Pfannkuchen und jede Menge Salat.

Nach dem Zähneputzen reiht sie alle ihre Kuscheltiere wieder fein säuberlich auf ihrem Bett auf. Knuddl Hase kriegt einen Schmatz und den Ehrenplatz auf dem Kopfkissen direkt neben Frau Susemihl.

Als Papa und Mama zum Gutenachtsagen kommen, wollen sie natürlich wissen, was eigentlich los war. Warum Lisa denn erst so wütend war und jetzt doch wieder mit Paula zum Baden gehen will.

„Worüber habt ihr euch denn so fürchterlich gestritten?"

„So halt!", sagt Lisa und kuschelt sich tief in ihre Decke.

Und damit müssen sich Papa und Mama wohl zufriedengeben.

Das kleine Windelmonster

„Finger weg! Das ist meins!", schreit Oliver und schubst seine kleine Schwester Emma ein Stück von sich. Immer muss sie alles anfassen – das geht ihm echt auf den Keks! Nicht mal eine Legoburg kann Oliver in Ruhe bauen, bevor Emma mit ihrem Windelhintern angewackelt kommt und alles wieder kaputt macht.

„Ach Oliver, lass Emma doch. Sie will nur mitspielen", sagt Mama und wuschelt ihm durch die Haare.

Oliver schüttelt ihre Hand weg. „Aber Mama, die ist ja noch ein Baby und weiß ja gar nicht, wie das geht", mault er.

„Baby, Baby, Baby", brabbelt Emma fröhlich vor sich hin und kichert. Dann schnappt sie sich ein Legoteil und steckt es sich glucksend in den Mund.

„Igitt! Jetzt sabbert sie auch noch alles voll!"

Mama seufzt und nimmt Emma den angelutschten Legostein aus dem Mund. „Nein, Emma", sagt sie. Dann dreht sie sich zu Oliver: „Sie möchte halt mit ihrem großen Bruder spielen. Und ich muss jetzt das Mittagessen machen, also sei so lieb und pass ein bisschen auf Emma auf, ja mein Schatz? Und kein Lego, okay? Die Teile sind zu klein, die könnte sie verschlucken."

Ohne eine Antwort abzuwarten, steht Mama auf und geht aus dem Zimmer. Na toll! Er wollte eine Burg bauen, und jetzt hat Oliver das Windelmonster an der Backe!

Er funkelt Emma sauer an. Wozu soll so eine kleine Schwester eigentlich zu gebrauchen sein?! Sie kann ja noch nicht einmal seinen Namen sagen. Stattdessen nennt sie ihn „Owe" – wie das schon klingt!

In dem Moment nimmt Emma einen roten Baustein und hält ihn Oliver fröhlich hin. Er schlägt ihn ihr aus der Hand. Emma nimmt einen blauen. Vorsichtig streckt sie Oliver den Stein entgegen.

„Hast du nicht zugehört, wir dürfen kein Lego spielen. Und das nur wegen dir, du Baby! Dabei hatte ich eine super Idee für eine ganz tolle Burg", zischt Oliver wütend.

Er weiß, dass er ungerecht ist. Emma kann ja nichts dafür, dass sie noch so klein ist. Und trotzdem kann Oliver das leichte Brodeln in seinem Bauch nicht stoppen. Es fühlt sich eklig warm und zwickend an.

„Baby, Baby, Baby", ruft Emma fröhlich und wackelt, so schnell sie ihre kleinen Füße tragen, aus Olivers Zimmer.

Puh, endlich ist sie weg! Oliver holt ganz tief Luft und versucht, das unangenehme Gefühl in seinem Bauch langsam wegzuatmen. Ein und aus … Dann wendet er sich seiner Legoburg zu. – Vielleicht sollte er den Aussichtsturm hier noch ein bisschen höher bauen? Genau, dann kann man feindliche Truppen schon von einer Gazillion von Kilometern aus sehen. Und in der Verteidigungsmauer braucht er auch noch Löcher für die vielen Kanonen, damit seine Ritter die Burg besser gegen die Angreifer verteidigen können. Hmm, wenn er dieses Teil eventuell …

Doch da stürmt das kleine Windelmonster auch schon zurück in sein Zimmer und streckt ihm stolz eine zerzauste Puppe entgegen. „Baby", kreischt Emma fröhlich.

„Ja, ja", murmelt Oliver. „Geh mal schön mit deiner Puppe spielen." Dann dreht er sich wieder zu seinem Bauwerk.

Eine klebrige Hand patscht ihm ins Gesicht. „Emma", ruft seine kleine Schwester.

Oliver stößt ihre Hand von sich und beschließt, so zu tun, als wäre Emma gar nicht da. Früher oder später geht sie dann bestimmt weg.

Doch das kleine Windelmonster gibt nicht auf. *Patsch!* Eine Hand schlägt ihm gegen die Nase.

„Emma", kräht seine Schwester wieder.

Patsch! Gegen das Ohr. – Und dann: „Baby." *Patsch!*

Schon ist das Brodeln in Olivers Bauch wieder da. Dieses Mal fühlt es sich noch viel stärker und heißer an, so wie sprudelndes Wasser in einem Topf.

„Ich will nicht mit deinem Baby spielen", motzt Oliver und dreht sich erneut weg. Aber jetzt kann er sich nicht mehr daran erinnern, was er an seiner Burg ändern wollte. Oh Mann! Moment, er wollte … *Patsch!*

„Emma! Baby!" *Patsch!*

Olivers Bauch scheint förmlich zu kochen.

Patsch! Patsch! Patsch!

Jetzt ist das heiße Gefühl auch in seinen Armen und Beinen. Und in seinem Kopf … Und dann – *Patsch!* – plötzlich kann Oliver es nicht mehr halten. – „Aaaah!" Wütend trommelt er auf seine halbfertige Burg ein, die in Dutzende von Teilen auseinanderbricht.

Oh nein, seine schöne Burg! Entsetzt schaut Oliver auf das Meer aus blauen, grünen, roten und gelben Legosteinen, das nun vor ihm liegt.

„Jetzt schau dir nur an, was du gemacht hast, Emma!", brüllt er. „Das ist alles nur deine Schuld, du … du … blödes Windelmonster!"

Emma sieht Oliver mit offen stehendem Mund an und ihre weit aufgerissenen Augen füllen sich mit Tränen. Dann fängt sie laut an zu heulen, „Maaaaaamaaaaa!", und rennt aus dem Zimmer.

Oje! Das heiße Gefühl in Olivers Bauch ist zwar weg, aber jetzt fühlt er sich auf einmal ganz leer und klein. Irgendwie richtig gemein. Es ist ja gar nicht Emmas Schuld, dass die Burg kaputt ist. Nein, das hat Oliver ganz allein gemacht.

Ein dicker Kloß bildet sich in seinem Hals, und hinter seinen Augen verspürt er einen ganz doofen Druck. Hilflos schaut Oliver auf den Fußboden und auf Emmas Puppe, die sie vor Schreck fallen gelassen hat. Es kommt ihm so vor, als würde die Puppe zurückstarren – mit einem vorwurfsvollen Blick. Und gleich fühlt sich Oliver noch schlechter. Der Kloß in seinem Hals drückt ihm fast die Luft ab, und Oliver schluckt, um ihn loszuwerden. Aber das hilft nicht.

Da kommt Mama mit Emma ins Zimmer. Seine kleine Schwester schluchzt immer wieder und scheint ihn gar nicht ansehen zu wollen.

„Was war denn hier los, Oliver?", fragt Mama und zieht die Augenbraue hoch.

Oliver fühlt sich noch viel gemeiner, als er die weinende Emma sieht. Das wollte er doch nicht!

Er schluckt schwer und beginnt zu sprechen, aber seine Stimme ist auf einmal ganz klein und dünn. „Es … es tut mir leid. Sie hat mich geärgert, und dann hab ich … hab ich sie angeschrien." Die ersten Tränen kullern jetzt auch Oliver über die Wangen, und sein ganzer Körper fühlt sich irgendwie schwer und kraftlos an. Oliver lässt sich auf den Fußboden sinken und versucht sein Gesicht hinter seinen Armen zu verstecken, damit Mama ihn nicht mehr so enttäuscht ansehen kann.

„Ach, Oliver", seufzt sie und setzt sich zu ihm. „Komm mal her." Sanft zieht Mama an Olivers Arm und sofort drückt er sich weinend an sie. „Pssscht, mein Schatz", flüstert sie und streichelt ihm beruhigend über die Haare. „Wir haben doch schon darüber gesprochen. Emma ist noch klein, und sie möchte so gerne mit dir spielen."

Ein Schluchzer kommt aus Olivers Mund und er murmelt leise etwas vor sich hin.

„Was hast du gesagt?" Vorsichtig zieht Mama Olivers Kopf hoch, damit er sie anschaut.

Oliver schnieft und blickt überallhin, nur nicht zu Mama und Emma. „Ich … ich … warum kann sie denn nicht auch mal alleine spielen? Ständig kommt sie zu mir!"

„Das ist ganz einfach, mein Schatz. Emma hat dich lieb. Du bist doch schließlich ihr großer Bruder und ihr Held. Darum will sie auch immer bei dir sein und mit dir spielen."

Was? Er – ein Held?? Verdutzt hebt Oliver den Kopf und sieht Mama fragend an. „In echt?"

Mama schmunzelt und gibt ihm einen Kuss auf die Stirn. „Ganz in echt!"

Da muss auch Oliver ein bisschen lächeln. Das ist schon irgendwie cool. Und als Emma dann noch von Mamas Schoß klettert und Oliver über die tränennasse Wange streichelt und „Ei, Ei" sagt, hat Oliver wieder ein ganz warmes Gefühl in seinem Bauch. Aber dieses Mal fühlt es sich richtig gut an. Wie Kartoffelbrei und Fischstäbchen – sein Lieblingsessen! Mjam, lecker!

Oliver zieht die Nase hoch, wischt sich mit dem Ärmel die Tränen aus dem Gesicht und grinst Emma an. „Okay, du klei-

Das kleine Windelmonster

nes Windelmonster …", sagt er und wird prompt von Mama unterbrochen, die sich laut räuspert.

Olivers Grinsen wird noch breiter. „Ich wollte doch nur sagen: Lass uns mit deinem Baby spielen, Emma!"

„Baby, Baby, Baby", kräht es sofort wieder durch die Wohnung. Oliver muss kichern, als er Emmas windelbepackten Hintern sieht, der in Windeseile zur heiß geliebten Puppe watschelt. Und als Emma ihm das zerzauste Spielzeug hinhält und „Emma! Baby! Olli!" ruft, könnte Oliver fast platzen vor Stolz. Emma hat seinen Namen gesagt!

„Ja, ja, ich hab dich auch lieb", murmelt er verlegen. Hm, eine kleine Schwester zu haben, ist manchmal vielleicht doch gar nicht so blöd!

Kathrin geht verloren

Kathrin sitzt auf Papas Schultern. Von dort oben kann sie alles sehen: die Geisterbahn und die Losbude, das Riesenrad und die Wildwasserrutsche, und überhaupt das ganze Volksfest. Dicht an dicht drängen sich die Menschen um sie. Kathrin ist größer als sie alle. Wenn sie wollte, könnte sie ihnen auf die Köpfe spucken. Will sie aber nicht. Kathrin will lieber Kinderkarussell fahren und dabei auf dem roten Elefanten reiten oder dem weißen Pferd.

„Darf ich Karussell fahren?", fragt sie ihren Papa.

„Vielleicht später!", sagt er. „Erst will ich ein Fischbrötchen. Du auch?" „Bäh!", macht Kathrin.

Papa lacht, hebt Kathrin von den Schultern und stellt sich bei dem Fischstand an.

Jetzt kann Kathrin nichts mehr sehen. Nur noch dicke Bäuche, Jeansjacken und Fischbrötchen hinter Glas. Langweilig ist das. Da schaut sie sich doch lieber das Karussell an. Bis Papa endlich sein Brötchen hat, ist sie längst wieder zurück.

Sie drängt sich zwischen den Leuten auf die andere Seite der Gasse durch. Das ist gar nicht so einfach. Dauernd wird sie geschubst und angerempelt. Und dann wird sie plötzlich zur Seite geschoben, immer weiter die Gasse hinab, immer weiter von dem Karussell weg und von der Fischbude und von Papa. Sie will umkehren, aber das geht nicht, die Leute drücken sie einfach weiter.

Endlich schafft sie es, aus dem Gewühl herauszukommen und
sich am Rand wieder zurückzuschlängeln. Aber sie findet das
Karussell nicht mehr, und die Fischbude und Papa auch nicht.
„Papa!", ruft sie ganz laut. „Papa!"
Keine Antwort. Bestimmt sucht er sie, aber er kann sie nicht
hören, weil es so laut ist, und er kann sie nicht sehen, weil sie
so klein ist.
Überall stehen die vielen Leute um sie herum und keiner hilft
ihr. Kathrin heult, die Tränen laufen ihr über das Gesicht.
Vielleicht sieht sie Papa nie wieder. Und Mama auch nicht, die
daheim auf sie wartet, denn Kathrin weiß nicht, wie sie allein
nach Hause gelangen soll.

„Bitte alles einsteigen!", ertönt eine durchdringende Stimme aus dem Lautsprecher hinter ihr. Kathrin dreht sich um. Auf den Stufen eines Fahrgeschäftes steht eine Frau mit lila Haaren und spricht in ein Mikrofon.

Da hat Kathrin eine Idee. Sie klettert zu der Frau hinauf.

„Darf ich das bitte mal haben?", sagt sie und zeigt auf das Mikrofon.

„Warum?", fragt die Frau mit den lila Haaren und guckt ziemlich verdattert.

„Weil ich meinen Papa verloren habe", erklärt Kathrin.

„Na dann!", meint die Frau und gibt es ihr.

Kathrin hält es sich vor den Mund. „Papa!", ruft sie und hört ihre eigene Stimme ganz laut von rechts und von links und von hinten. „Papa, hörst du mich? Hier ist Kathrin! Ich wollte doch nur zum Karussell, und jetzt – Papa!"

„Sag ihm, du bist hier an der Wildspitzbahn!", hilft ihr die Frau mit den lila Haaren weiter und lächelt ihr zu.

„Ich bin hier an der Wildspitzbahn!", wiederholt Kathrin. Dann setzt sie sich auf die Stufen und wartet.

Und da sieht sie Papa. Er kommt zu ihr herauf und hebt sie hoch und drückt sie und drückt sie.

„Mensch, Kathrin!", sagt er. „Das mit dem Lautsprecher, das war eine tolle Idee von dir! Ich habe schon befürchtet, ich finde dich nicht mehr!" Er wuschelt ihr durch die Haare. „Aber dass du weggelaufen bist, das war nicht gut, hörst du?"

Kathrin nickt. „Das mache ich auch nicht mehr!", verspricht sie.

„Na, da bin ich aber froh!", meint Papa. „Ich habe nämlich solche Angst um dich gehabt!"

„Musst du doch nicht!", sagt Kathrin und gibt ihm einen Kuss auf die Backe. „Musst du doch nicht."

Der Superflitzer

Daniel hat wirklich Glück: Sein bester Freund Tim wohnt nur drei Häuser weiter. Daniel und Tim brauchen noch nicht mal eine Straße zu überqueren, um sich zu treffen. Fast jeden Nachmittag spielen sie zusammen.

Ungeduldig hält Daniel nach seinem Freund Ausschau.

Warum muss Tim denn ausgerechnet heute so spät kommen? Wo Daniel ihm doch unbedingt sein supertolles neues Auto zeigen will! Endlich eins mit Fernsteuerung! Knallrot, und sogar mit Licht!

Das Auto ist ein verspätetes Geburtstagsgeschenk von Oma und Opa. Die beiden waren nämlich an Daniels Geburtstag im Urlaub.

Daniel war furchtbar enttäuscht, als kein Auto mit Fernsteuerung bei seinen Geschenken lag. Eine ganze Zeit lang war er richtig schlecht gelaunt.

Trotzdem verrieten Mama und Papa mit keinem Sterbenswörtchen, dass Daniel den Flitzer später noch von Oma und Opa bekommen würde. Das war vielleicht eine Überraschung gestern ...!

Daniel und Opa haben mit dem Superflitzer gespielt, bis es für Daniel höchste Zeit war, ins Bett zu gehen.

Opa hatte mindestens so viel Spaß dabei wie Daniel. Das hat Daniel genau gespürt und Opa irgendwann gefragt, warum er sich nicht selbst so ein Auto zum Geburtstag wünscht.

Opa hat erst gestutzt, dann hat er gelacht und gesagt: „Eigentlich hast du recht, mein Junge! Aber ich glaube, ich bin zufrieden, wenn du mich manchmal mitspielen lässt!"

Das hat Daniel natürlich versprochen. Aber jetzt wartet er ungeduldig darauf, das Superauto Tim zu zeigen. Der wird vielleicht staunen ...!

Tatsächlich reißt Tim Mund und Augen auf, als er den Flitzer sieht. „Gibst du mir mal die Fernsteuerung?", fragt er, noch ehe er sich aus seiner Jacke gepellt hat.

Aber Daniel schüttelt den Kopf. „Das Ding ist empfindlich, hat mein Opa gesagt! Guck erst mal zu, wie ich es mache."

Stolz führt Daniel seinem Freund alle Tricks vor: Er lässt das Auto vorwärts und rückwärts fahren, beschleunigen und eine Vollbremsung machen.

Tim wird immer ungeduldiger. „Ich will auch mal!", ruft er.
Doch Daniel hält die Fernbedienung eisern fest. „Später!",
sagt er immer wieder. „Guck doch bei mir zu!"
Aber Tim will nicht mehr nur zugucken. Wütend reißt er Daniel die Fernbedienung aus der Hand.
„Hey, gib wieder her!", schreit Daniel und stürzt sich auf Tim.
Der versucht auszuweichen, stolpert aber dabei über eine
Spielzeugkiste. Schon fliegt die Fernbedienung in hohem Bogen durch die Luft und kracht genau auf den Superflitzer!
Die beiden Jungen erstarren. Dann greift Daniel nach der
Fernbedienung und probiert schnell alle Knöpfe aus.
Aber außer einem leisen Summen tut sich nichts mehr.
„Du hast mein Auto kaputt gemacht, du Idiot!", schreit Daniel.
„Hau bloß ab!"

Tim ist blass geworden. Wortlos steht er auf und holt seine Jacke. Krachend fällt die Haustür hinter ihm ins Schloss.

Verwundert steckt Daniels Mutter den Kopf ins Zimmer. „Was ist denn hier los? Ist Tim schon weg?", fragt sie.

Daniel schluckt. „Tim hat meinen Flitzer kaputt gemacht!"

„Zeig mal her!" Mama untersucht zuerst das Auto, dann die Fernbedienung. „Hmm", macht sie. „Ich glaube, dein flotter Flitzer braucht nur eine neue Batterie!"

Tatsächlich: Kaum hat Mama die Batterie ausgetauscht, fährt das Auto genauso gut wie vorher. Aber richtig freuen kann sich Daniel nicht darüber. – Wie soll er nur die Sache mit Tim wieder in Ordnung bringen?

„Ruf ihn doch an!", meint Mama.

Daniel zögert. „Kannst du das nicht machen?"

„Na, hör mal!" Mama schüttelt den Kopf. „Das musst du schon selber regeln! – Tim fühlt sich bestimmt genauso elend wie du!"

Seufzend greift Daniel zum Telefon.

Tim ist gleich am Apparat. „Was gibt's?", fragt er knapp.

Daniel räuspert sich. „Ich wollte dir nur sagen, dass das Auto wieder in Ordnung ist. War nur die Batterie."

„Hmm", macht Tim. „Sonst noch was?"

Daniel druckst. „Ich ... äh ... hab mich wohl eben ziemlich blöd benommen, was?" „Kann man sagen", meint Tim.

„Tut mir leid! Wirklich!", sagt Daniel ziemlich kleinlaut. „Kommst du wieder rüber? Bitte! Du kriegst auch gleich die Fernbedienung."

Schweigen.

Daniel horcht angespannt ins Telefon. Endlich hört er Tim leise kichern.

„Hätte auch keine Lust gehabt, mich noch mal mit dir um das blöde Ding zu kloppen!"

„Brauchst du auch nicht!", ruft Daniel erleichtert. „Bis gleich also."

„Bis gleich!"

Und wer in der Mozartstraße sehr gute Ohren hat, hört zwei große Steine von zwei kleinen Herzen purzeln.

Jetzt nicht, Paul!

„Jetzt nicht, Paul!"

Oh Mann, diesen Tonfall seines Vaters kennt Paul. Das heißt jetzt nicht, gleich nicht und später bestimmt auch nicht.

„Aber ... aber ..."

„Paul!"

Menno! Paul drückt seinen Stoffdrachen Zorro an sich. Das ist doch wirklich ultragemein! Paul will doch so gerne mal wieder Piraten auf hoher See spielen. Das war beim letzten Mal sooo witzig mit Papa.

„Beim heiligen Holzwurm, kreuzt eure Krummsäbel", hat Papa da mit ganz tiefer Stimme geknurrt.

Und: „Der klappernde Klabautermann möge all unseren Feinden beistehen!"

Als Paul daran denkt, fängt es in seinem Bauch direkt an zu kribbeln und er kann sich ein Grinsen nicht verkneifen. Und hört er da nicht auch ein kleines Kichern von Zorro?

Aber Papa ... der knurrt heute leider wieder nur den Computerbildschirm an. Und der klappernde Klabautermann sollte höchstens mal der Tastatur beistehen. Denn so sehr wie Papa darauf herumhämmert, muss auch sie ganz klar ein Feind sein.

Tief in Paul drin, wo es eben noch gekribbelt hat, bildet sich ein riesig schwerer Enttäuschungsseufzer. Das kann Paul ganz deutlich spüren.

Doch bevor der Seufzer nach draußen drängen kann, rennt Paul blitzschnell die fünf Schritte zu Papas Schreibtischstuhl. Papa kann gar nicht reagieren, so schnell ist Paul schon zusammen mit Zorro auf seinen Schoß geklettert und attackiert den allabendlichen Feind. Das wäre doch gelacht, wenn er Papa nicht gegen die Tastatur helfen könnte!

„Nimm dies, du zauseliges Z, und das, du gemeines G!", grölt er kampfeslustig und hämmert ausgelassen auf die Tasten. „Ihr sollt es nie wieder wagen, einen von uns Piraten anzugreifen! ..."

„Paaaauuul! Sag mal, spinnst du?!", ruft Papa entsetzt. „Die Mail ist wichtig!"

Paul merkt, wie seine Arme festgehalten werden. Oje, der Feind ist mächtiger als erwartet. Paul wehrt und windet sich, aber er kann sich nicht aus seinen Klauen befreien. Oh nein, jetzt hat er auch noch Zorro verloren! Was soll er bloß tun?

„Hiiiilfe! Alle Piraten zu Hiilfe!", brüllt Paul, so laut er kann. Hoffentlich ist Verstärkung in der Nähe. „Hiiiiiiilfe!"

Auf einmal merkt Paul, wie er ein kleines bisschen geschüttelt wird. Wie ein winziges Erdbeben fühlt sich das an. Ganz schön lustig! Aber irgendwie … mit der Zeit ist es doch nicht mehr so lustig. Und gerade als Paul wirklich genug hat, hört das Rütteln auf und er guckt in das Gesicht seines Vaters.

Oje, der sieht aber ganz schön wütend aus!

„Kannst du mir mal verraten, was in dich gefahren ist?!"

Er hört sich auch wütend an! Ja, Papa schreit richtig. Und Paul fühlt sich plötzlich, als ob er mit jedem Wort kleiner und kleiner würde. Er hebt Zorro vom Fußboden auf und drückt ihn feste an sich.

„Das geht einfach nicht, dass du hier so durchdrehst!"

Paul duckt seinen Kopf hinter Zorros weichen Rücken.

„Erstens machst du die Tastatur kaputt, wenn du darauf so herumhämmerst. Und zweitens ist die Arbeit wichtig. Stell dir mal vor, du hättest aus Versehen den Befehl zum Senden gegeben oder alles gelöscht. Ich bin wirklich im Stress. Das kann ich gerade echt nicht gebrauchen!"

Paul versteht nicht, was das alles heißt. Aber als er kurz den Kopf hebt, guckt Papa immer noch richtig böse. Und hat er nicht eben auch geknurrt, wie er es beim Piratenspielen gemacht hat, als die Feinde im Anmarsch waren? Ja, er hat geknurrt, als ob plötzlich Paul der Feind wäre!

Und da fühlt sich Paul noch viel kleiner. Sein Bauch zieht sich zusammen und alles ist auf einmal riesig schwer. Als wären seine Arme und Beine plötzlich aus Stein. Er bekommt auch nur noch ganz schlecht Luft, und die Tränen steigen ihm in die Augen. Ja, nicht einmal Zorro kann ihn gerade trösten, egal wie fest Paul ihn auch umklammert.

„Und jetzt mach, dass du in dein Zimmer kommst! Spiel mit deinen Actionfiguren. Ich muss wirklich weiterarbeiten", knurrt Papa.

Da beginnen die Tränen über Pauls Wangen zu laufen. Und wie von alleine fangen seine Beine an zu rennen. Aus dem Arbeitszimmer, über den Flur und in sein eigenes Zimmer. Die Tür schließt sich hinter ihm mit einem Knall, und im nächsten Moment wirft er sich auf sein Bett und vergräbt sein Gesicht in Zorros weichem Fell. Immer noch fühlt sich alles in Paul ganz schwer an. Und die Tränen fließen aus seinen Augen, als ob sie nie damit aufhören wollten. Aber Zorro trocknet sie alle geduldig.

„Dabei wollte ich doch nur Piraten spielen", flüstert Paul zwischen zwei Schluchzern in das Fell des Drachen.

„Ich weiß, mein Großer."

Und da spürt Paul eine warme Hand auf seinem Rücken. Das ist eine große, warmvertraute Papahand.

„Es tut mir leid, dass ich so gebrüllt habe. Ich wollte dich nicht erschrecken", hört Paul Papa ganz sanft sagen. Das Knur-

ren ist im Arbeitszimmer geblieben. Aber vielleicht kommt es gleich wieder.

Paul muss schlucken. Dann zieht er die Nase hoch und wischt sich die letzten Tränen mit seinem Ärmel aus dem Gesicht. „Sonst knurrst du nur den Feind so an. Aber ich will nicht der Feind sein", murmelt er traurig.

„Was? Aber das bist du doch auch gar nicht, mein Schatz! Niemals nie, ganz ehrlich!" Papa streichelt Paul beruhigend über den Rücken. Das fühlt sich schön an, und Paul spürt, wie in ihm alles ein bisschen ruhiger und sanfter wird.

Dann räuspert sich Papa. „Aber du muss schon verstehen, wenn ich keine Zeit zum Spielen habe. Ich habe nämlich wirklich ganz schön viel Arbeit im Moment", erklärt er.

„Aber du hast ja nie Zeit! Dabei ist Piraten spielen doch viel lustiger als E-Mails schreiben", brummelt Paul.

„Na klar ist das lustiger! Da hast du völlig recht", lacht Papa kurz auf und stupst Paul in die Seite, sodass der auch schon fast wieder lächeln muss. Dann guckt Papa wieder ernster. „Aber die Arbeit ist halt auch wichtig. Und wir haben doch erst vorgestern ganz toll zusammen gespielt."

„Gar nicht wahr! Das war schon vor einer ganzen langen Woche! Seitdem sagst du immer nur ,Jetzt nicht, Paul'."

Da guckt Papa ganz schon überrascht. „Ist das wirklich schon so lange her?", fragt er, und Paul nickt traurig.

Für einen Augenblick bekommt Papa seine Denkerfalte über der Stirn. Dann nimmt er Paul vorsichtig hoch auf den Arm. „Na, dann hast du aber echt recht, dich zu ärgern, wenn dein Vater so wenig Zeit für dich hat. Das tut mir wirklich leid!", sagt Papa. „Allerdings darfst du trotzdem nicht so auf der Tastatur herumhauen. Das nächste Mal sagst du mir, dass es dich ärgert, wenn ich so selten mit dir spiele, abgemacht?"

Paul nickt. Das will er versuchen!

Papa lächelt und nickt auch, und dann drückt er Paul sanft an sich, sodass der Papas tiefen, langsamen Atem spüren kann. Da beginnt Paul, genauso tief ein und auszuatmen und er merkt, wie mit jedem Atemzug das schwere Gefühl ein bisschen weniger wird. Als würde die Luft, die er in seinen Bauch saugt, auch ihn ein bisschen leichter machen …

„Weißt du was, Kumpel?! Wir spielen jetzt zusammen Piraten auf hoher See", grinst Papa plötzlich verschwörerisch.

Paul zieht noch einmal die Nase hoch. „Wirklich?"

„Ja, wirklich! Die E-Mails haben auch noch bis morgen Zeit. Aber du nicht!", zwinkert ihm Papa zu und setzt ihn wieder auf dem Boden ab.

Und da ist auch wieder das aufgeregte Kribbeln in Pauls Bauch. Er greift nach Zorro und wirft ihn fröhlich in die Luft. „Juhuuu, Leinen los!"

„Aye, aye, alles klar zum Ablegen! Auf Nimmerwiedersehen, ihr elenden Landratten", ruft Papa, und aus Pauls leichtem Bauch kommt ein quietschvergnügtes Kichern.

Die Geschichte vom Schutzengel

„Petra hat zwei linke Hände", sagt Onkel Rudi.

Damit meint er, dass Petra besonders ungeschickt ist. Ihre beiden Hände lassen oft etwas fallen, können keine Schuhbänder knoten, keine Schleife binden, nicht den richtigen Lichtschalter finden, schneiden sich an stumpfen Scheren und bemalen sich selbst anstatt das Zeichenpapier.

Petra schämt sich, zwei linke Hände zu haben. Deshalb steckt sie beide am liebsten in die Hosentaschen. „Dann kann nichts passieren", denkt Petra und ist froh, dass sie immer Hosen oder Röcke mit Taschen trägt.

Auch Frau Bechtel aus dem Kindergarten hat schon bemerkt, dass mit Petras Händen etwas nicht stimmt. „Warum versteckst du deine Hände denn in den Hosentaschen?", hat sie gefragt und Petras Hände in ihre eigenen Hände genommen. „Du hast so hübsche, warme Hände, richtige Streichelhände."

Aber Petra hat nur den Kopf geschüttelt und die Hände schnell wieder versteckt. Frau Bechtel hat Petra ein bisschen in den Arm genommen. Petra hat sich ein wenig an Frau Bechtel gekuschelt. Das war schön.

Am nächsten Morgen sagt Frau Bechtel: „Kinder, heute machen wir etwas ganz Schönes. Heute wollen wir zusammen Pizza backen. Und dann essen wir alle miteinander zu Mittag."

„Juchu!", rufen die Kinder, „Juppie!", und freuen sich. Sie hüp-

fen lachend herum, reden alle durcheinander und sind ganz aufgeregt. Auch Petra. Sie hat noch nie selbst gemachte Pizza gegessen. Und als Frau Bechtel jedem Kind eine Kugel Hefeteig gibt, aus der eine schöne runde Pizza geformt werden soll, vergisst Petra vor lauter Aufregung beinahe, dass sie zwei linke Hände hat. Es fällt ihr erst wieder ein, als ihre Pizza einfach nicht rund werden will, sondern immer und immer einen schiefen Zipfel hat.

„Kannst sie ja mir geben", sagt Hannes, als Petra mit den Füßen aufstampft, weil die blöde Pizza einfach nicht rund werden will. „Ich mach sie für dich."

„Von mir aus!", ruft Petra und möchte am liebsten fortlaufen. In diesem Moment ruft Frau Bechtel: „Petra, deck doch bitte schon den Tisch."

Den Tisch decken? Teller und Tassen auftragen? Bestimmt wird etwas herunterfallen und kaputtgehen. Petra erschrickt. „Nein", ruft sie laut. „Das kann ich nicht." Aber Frau Bechtel lacht nur.

Die anderen Kinder sitzen schon an den Tischen und warten auf die Pizza. „Es riecht gut", stellt Kathrin fest. Marlene klettert über die Bank und schaut durch die Glastür in den Pizza-Ofen.

„Der Teig blubbert", kichert sie. „Blubbel-Blubbel-Blubbel."

Das hört sich lustig an und alle machen es gleich nach. Keiner schaut zu Petra hin, die langsam die Tischdecke über den Tisch ausbreitet und alle Falten aus dem bunt bedruckten Stoff ausstreicht. Genau, wie sie es bei der Mutter zu Hause gesehen hat.

Petra zittert vor Aufregung. Aber schließlich ist keine einzige Knitterfalte übrig.

„Toll!", sagt Hannes, der es kaum noch erwarten kann, bis er endlich Pizza essen kann. „Ich hol das Essbesteck."

Petra merkt, dass Frau Bechtel zu ihr herüberschaut. „Du schaffst das schon", lächelt sie und nickt Petra zu. „Gleich können wir essen."

Petra fühlt, wie ihre zwei linken Hände ganz feucht werden.

„Wenn du dich nicht traust, musst du deinen Schutzengel bitten, dass er dir hilft", hat die Oma neulich zu ihr gesagt, als sie ihr eine Gutenachtgeschichte vorgelesen hat, in der ein armes Kind sich im Wald verlaufen hatte und von einem Engel wieder nach Hause gebracht wurde.

„Ach, Oma, Schutzengel gibt es doch gar nicht", hat Petra ge-
meint. „Ich hab noch nie einen gesehen."

„Du warst auch noch nie in Amerika", hat die Oma geantwortet. „Und trotzdem gibt es Amerika."

„Stimmt!", hat Petra gesagt und das Bild von dem schönen
Engel in ihrem Gutenachtgeschichtenbuch angeschaut. „Hat
denn wirklich jedes Kind einen Schutzengel?", hat sie die Oma
gefragt. „Auch wenn man ihn nie sieht?"

„Ganz bestimmt", hat die Oma geantwortet.

Petra schiebt ihre zwei linken Hände ganz fest zusammen.
„Lieber Schutzengel, bitte, mach, dass ich es schaffe!", betet sie
leise in ihrem Kopf. „Bitte, bitte, lieber Schutzengel, hilf mir!"
Und dann macht sie die Türen des Kindergartenküchen-
schranks auf, wo die Teller mit den Marienkäfern stehen, die
Petra so niedlich findet. Zum Glück ist der Kindergartenkü-
chenschrank nicht so hoch wie der Hängeschrank bei Petra
zu Hause, wo sie immer eine kleine Leiter braucht, um ein
Glas herauszuholen. Und die Teller stehen auch gleich vorn.
Ganz vorsichtig nimmt Petra den ersten Teller heraus und geht
damit zum Tisch. Petra stolpert nicht. Der Teller fällt nicht herunter. Wie von selbst stellt sie ihn auf den Tisch. Und schon
drehen sich Petras Füße um, damit sie den nächsten Teller aus
dem Schrank holen kann. Und noch einen und wieder den
nächsten, bis nur noch zwei übrig sind. Einer für jede Hand.
„Soll ich dir helfen?", fragt Hannes, der schon fast alle Messer
und Gabeln ausgeteilt hat.

„Ach nein, danke", sagt Petra. „Ich schaff das schon!"

Und tatsächlich, kein einziger Teller zerbricht. Schön weiß, mit roten Marienkäferchen, die klimperklein um den ganzen Tellerrand laufen, stehen sie da und warten nur noch auf die Pizza.

„Danke, lieber Schutzengel!", flüstert Petra und klatscht vor Freude in die Hände. Und auf einmal sieht sie, dass sie ja gar keine zwei linken Hände hat. Sie hat eine linke und eine rechte Hand, ganz genau wie alle anderen Kinder auch.

Flori und Jule
können Freunde sein

Flori hat einen kleinen und einen großen Bruder. Der kleine Bruder heißt Lukas und nervt meistens, weil er immer genau das machen möchte, was Flori macht. Dabei ist er erst ein Jahr alt und kann noch nicht mal richtig laufen. Und Flori ist drei Jahre alt und kann sogar schon um den Häuserblock rennen. Floris großer Bruder Jonas dagegen nervt überhaupt nicht. Der ist schon sechs Jahre alt und trotzdem noch nett. Wenn seine Kindergartenfreunde zu Besuch sind und sie draußen auf der Wiese Fußball spielen, darf Flori sogar manchmal mitkicken. Immer dann, wenn ihnen ein Torwart fehlt. Flori ist nämlich ein richtig guter Torwart und hält in jedem Spiel mindestens zwei Bälle.

Seit ein paar Tagen geht Flori nun auch in den Kindergarten. Das ist toll. Das hat er sich schon so lange gewünscht. Und das Tollste daran ist: Flori gehört, genau wie Jonas, zur Bärengruppe. Im Kindergarten gibt es nämlich drei Gruppen: die Bärengruppe, die Igelgruppe und die Mäusegruppe. Normalerweise gehen Geschwister im Kindergarten nicht in dieselbe Gruppe, aber nur in der Bärengruppe war ein Platz für Flori frei. Da hat er richtig Glück gehabt!

„Du hast dich schnell bei uns eingewöhnt", sagt Antje, die Erzieherin, und strubbelt Flori durchs Haar. „Superschnell. Rekordtempo. Nach drei Tagen bleibst du schon bis zum Mittagessen. Klasse!"

Flori strahlt. Aber es ist ja auch so schön im Kindergarten. Morgens beim Stuhlkreis, wenn er neben Jonas sitzt, da singen sie immer ein Morgenlied. Und später packen sie zusammen ihr Frühstück aus, und beim Mittagessen sitzen sie auch nebeneinander.

Und dazwischen haben sie viel Zeit zum Spielen. Manchmal machen sie mit den anderen im Stuhlkreis ein Spiel. Oder sie malen und basteln alle zusammen, und dann kann er Jonas fragen, ob er ihm beim Ausschneiden hilft. Oder sie haben freies Spiel, und dann kann er mit Jonas in die Bauecke gehen und was bauen.

Heute will Jonas mit seinen Kindergartenfreunden draußen Fußball spielen. „Dürfen wir?", fragt er.

Antje nickt. „Aber bleibt auf der Wiese vor dem Fenster", sagt sie noch. „Damit ich euch sehen kann."

„Juhu!" Jonas schnappt sich den Ball und rennt zur Garderobe, um seine Schuhe und seine Jacke anzuziehen.

„Juhu!" Seine Freunde rennen hinterher.

Flori will auch „Juhu" rufen und hinterher, aber da hält ihn eine Hand fest.

„Wo willst du denn hin?", fragt Antje.

„Raus", stößt Flori hervor. Er hat es doch eilig. „Kicken." Er zerrt an Antjes Hand.

Aber Antje lässt ihn nicht los. „Nein, das geht nicht. Alleine raus dürfen nur die großen Kinder, die schon lange im Kinder-

garten sind und bald in die Schule kommen. Du bist erst seit ein paar Tagen da. Du darfst das noch nicht."

Er darf nicht raus? Er darf nicht mit Jonas Fußball spielen? Aber wer soll denn dann Torwart sein? Und vor allem: Was soll Flori denn im Gruppenraum machen, so ganz ohne Jonas?

„Ich will aber!", schreit er. Er schreit so laut, dass die anderen Kinder alle zu ihm rüberschauen.

Antje schreit nicht. Sie bleibt ganz ruhig. Und sie sagt immer dasselbe: „Nein, das geht nicht."

Flori schreit auch immer dasselbe: „Ich will, ich will, ich will!" Dann fängt er an zu weinen. Jetzt starren die anderen Kinder alle. Mit riesig großen Augen.

Antje will ihn in den Arm nehmen, aber Flori stößt sie weg. Antje ist so blöd! Antje ist so ungerecht! Und von einer, die so blöd und ungerecht ist, will er sich nicht in den Arm nehmen und trösten lassen.

„Ich will nach Hause!", schreit Flori. Aber das geht auch nicht, denn zu Hause ist niemand. Papa ist arbeiten, und Mama ist arbeiten, und Lukas ist bei der Tagesmutter.

„Willst du dich vielleicht in die Kuschelecke legen?", fragt Antje und streicht ihm tröstend über den Kopf. Flori stößt auch ihre Hand weg. Aber in die Kuschelecke geht er doch. Er schmeißt sich auf die Matratze und tobt dort weiter. Er weint und weint. Erst vor Wut. Dann, weil er so traurig ist. Er kann und kann einfach nicht aufhören damit.

Nach einer Weile merkt er, dass er nicht allein in der Kuschelecke ist.

Jule sitzt neben ihm. In der einen Hand hält sie eine Puppe und in der anderen Hand einen Teddy.

Jule ist auch ziemlich neu. Sie ist am selben Tag in die Bärengruppe gekommen wie er.

„Warum weinst du so?", will sie wissen.

„Geh weg", schluchzt Flori. „Lass mich in Ruhe."

45

Aber Jule geht nicht weg. Sie bewegt die Puppe und den Teddy und murmelt dabei vor sich hin.

„Was machst du da?", flüstert Flori mit tränenerstickter Stimme.

„Ich spiele Vater, Mutter, Kind", erklärt Jule. „Der Teddy ist der Vater und die Puppe ist die Mutter."

Flori wischt sich die Tränen aus den Augen. Ein paar tropfen noch nach. Er schaut auf die Stofftiere, die in der Kuschelecke liegen, dann zieht er entschlossen einen Löwen zu sich heran.

„Das ist das Kind", sagt er. „Das heißt Flori. Wie ich."

Jule nimmt schnell einen Hund. „Und das Kind hier heißt Jule. Wie ich."

„Das geht nicht", widerspricht Flori. „Die können nicht wie du und ich heißen. Der Löwe und der Hund sind Geschwister. Aber wir beide sind doch gar keine Geschwister."

Jule macht ein nachdenkliches Gesicht. Aber dann hat sie einen Einfall und strahlt. „Dann sind die beiden eben Freunde."

Flori überlegt und nickt. Klar, das geht natürlich! Der Löwe und der Hund, Flori und Jule können Freunde sein.

Bis zum Mittag spielen sie so miteinander. Und Flori vergisst darüber sogar Jonas und das Fußballspielen.

Mensch ärgere Dich nicht

„Oma!", schreit der Frieder und zupft an Omas Rock. „Oma, du sollst mit mir spielen!"

„Ja lässt du mich gleich los, Bub!", zetert Oma. „Spielen geht nicht, ich muss erst die Wäsche aufhängen. Eine alte Frau ist doch kein D-Zug, jetzt zerr nicht an mir herum!"

Und damit packt sie den Wäschekorb und die Wäscheklammern und will zur Tür hinaus.

„Oma!", schreit der Frieder noch lauter und hält sie am Rock fest, „du sollst aber mit mir spielen. Weil ich es will. Jetzt gleich!"

„Ja wirst du wohl!", ruft die Oma und droht mit einer Wäscheklammer. „Was nicht geht, geht nicht, und damit Schluss!"

Aber als sie Frieders enttäuschtes Gesicht sieht, da tut's ihr dann doch leid, und sie sagt: „Schau, Bub, jetzt hänge ich erst die Wäsche auf, und dann spiele ich mit dir, ja? Mensch ärgere Dich nicht, ja?"

Und damit schnauft sie, Wäschekorb unterm Arm, zur Tür hinaus.

„Bäh!", schreit der Frieder hinterher. Aber das hört die Oma zum Glück nicht mehr. Da ist sie schon unten im Hof. Und der Frieder steht im Flur und ärgert sich.

Wäsche aufhängen! Das dauert ja ewig! Das weiß er schon. Mist! Wo er doch so Lust auf Spielen hat. Jetzt sofort. Aber die Oma ist weg.

Frieder überlegt. Und dann hat er eine Idee. Eine prächtige. Wenn die Oma weg ist, dann … dann spielt er halt: Er ist auch weg! So!

Wenn die Oma vom Wäscheaufhängen wiederkommt, dann ist er einfach nicht zu Hause. Dann kann die Oma lange vor der Tür stehen und klopfen. Er macht nicht auf, er ist ja weg. Soll sie ruhig warten. So wie er. Das hat sie dann davon.

Den Haustürschlüssel hat die Oma nicht mitgenommen, das hat der Frieder genau gesehen. Den nimmt sie nämlich nie mit, wenn sie in den Hof geht zum Wäscheaufhängen. Weil ja der Frieder sonst immer zu Hause ist und wartet. Sonst immer. Heute nicht!

Frieder grinst, setzt sich im Flur auf den Boden, legt den Finger auf den Mund und wartet.

Ziemlich lange. Die Oma kommt und kommt nicht.

Frieder wird schon ganz kribbelig, da hört er endlich jemanden die Treppe raufschnaufen. Die Oma.

Und da ruft sie auch schon: „Bub, mach auf, ich bin wieder da!"

‚Das klingt ja wie der Wolf und die sieben Geißlein', denkt der Frieder, ‚ganz genauso. Und die haben aufgemacht, und es ist schlecht ausgegangen. Ich mach nicht auf.' Er kichert leise in sich hinein und rührt sich nicht vom Fleck.

Da klopft die Oma gegen die Tür: „Ja sitzt du jetzt auf deinen Ohren? Aufmachen sollst du!"

‚Nichts da', denkt der Frieder, ‚jetzt grad nicht.'

Er rührt sich nicht und macht auch keinen Mucks.

Nun pumpert die Oma feste gegen die Tür: „Ja bist du denn verrückt! Mach sofort auf! Ich steh mir ja die Beine in den Bauch."

Da muss der Frieder beinahe laut lachen, aber er hält sich rechtzeitig den Mund zu und bleibt sitzen.

Schließlich hat er ja beschlossen, nicht zu Hause zu sein. Soll doch die Oma warten. Und sich die Beine in den Bauch stehen. Die denkt aber gar nicht daran, sondern haut nun aus Leibeskräften gegen die Tür und jammert: „Bub, Bub, mach auf! Oder ist dir was passiert? Es wird dir doch nix passiert sein?"

Also, nun tut sie ihm aber doch ein bisschen leid, die Oma. Weil sie so jammert und sich Sorgen macht.

Sorgen soll sie sich nicht machen, und so ruft er ganz laut: „Nein, Oma, es ist nichts passiert. Ich bin bloß nicht zu Hause!"

Eine Weile bleibt's still vor der Tür, dann schreit Oma: „Was bist du?"

„Nicht zu Hause!", brüllt der Frieder zurück. „Weil ich immer auf dich warten muss. So!"

„Jetzt schrei nicht so, ich bin doch nicht taub", ruft die Oma, und dann murmelt sie noch was, und dann ist nichts mehr zu hören.

Der Frieder lauscht. Nichts. Absolut nichts.

Frieder wartet eine Weile, horcht ... noch immer nichts. Warum sagt denn die Oma nichts mehr?

Ist sie etwa weggegangen und lässt ihn hier ganz alleine sitzen? Frieder probiert's noch mal.

„Oma", ruft er, „du, Oma, bist du noch da?"

Wieder keine Antwort.

„Oma", ruft der Frieder lauter, „Oma, sag doch was!"

Wieder keine Antwort.

„Bitte, liebe Oma!", schreit der Frieder ganz laut und beinahe muss er dabei heulen. Nichts.

Jetzt ist dem Frieder klar, die Oma ist weg.

Auf immer.

51

Er springt auf und reißt die Tür auf und will ganz laut schrei-
en ... da sitzt die Oma vor ihm auf der Treppe und lässt vier
Wäscheklammern auf ihrem Schoß auf und ab spazieren.
„Mensch, Oma!" Der Frieder schnauft tief durch. „Hast du mir
aber Angst gemacht!"

„Das kommt davon", sagt die Oma, aber schaut nicht auf, sie schaut auf die Wäscheklammern auf ihrem Schoß.

„Was machst du denn da, Oma?", fragt der Frieder.

„Ich spiele", sagt die Oma, „Mensch ärgere Dich nicht! Jetzt hab ich mich schon wieder selber rausgeschmissen."

„Mensch, Oma", sagt der Frieder noch mal und grinst und macht die Tür weit auf. „Komm rein. Dann spielen wir richtig. Ich bin nämlich wieder zu Hause, weißt du!"

„Na, Gott sei Dank", sagt die Oma, steht schnaufend auf und nimmt Wäschekorb und Wäscheklammern. „Hier draußen zieht's. Und ich verlier andauernd."

Und damit marschiert sie am Frieder vorbei in die Küche. Der Frieder grinst und springt hinterher. Und dann holen sie das Mensch ärgere Dich nicht-Spiel, und dann sitzen Frieder und Oma in der Küche und spielen.

Die Oma gewinnt andauernd.

Weil der Frieder sie gewinnen lässt.

Oder weil sie auf der Treppe so fleißig geübt hat.

Fette Franzi

„Ich will nicht in den Kindergarten", heult Franzi und zieht ihre Bettdecke bis über die Nasenspitze. „Ich will nicht!"

„Was ist denn los, Franzi?", fragt Mama.

„Lass mich in Ruhe!", schluchzt Franzi.

Es ist schon halb acht, und um acht ist Franzi sonst immer schon im Kindergarten.

„Wir müssen uns beeilen", sagt Mama und zupft vorsichtig an der Bettdecke.

In letzter Zeit trödelt Franzi immer morgens herum und will nicht in den Kindergarten. Und Mama kommt dann auch zu spät zur Arbeit. Mama krabbelt ganz vorsichtig mit einer Hand unter die Bettdecke und streichelt Franzis Hand. „Warum willst du denn nicht in den Kindergarten?", fragt sie.

„Weil ich Bauchschmerzen habe", flüstert Franzi.

„Schon wieder", sagt Mama besorgt. „Sollen wir zu Doktor Winkler gehen?"

„Nee", ruft Franzi beleidigt. „Der sagt doch auch bloß wieder, dass ich zu dick bin."

„Wer sagt denn, dass du zu dick bist?", will Mama wissen.

Franzi antwortet nicht.

„Jemand aus dem Kindergarten?", will Mama wissen.

Franzi grummelt irgendetwas in ihre Bettdecke.

„Jetzt komm mal raus", meint Mama. „Ich muss gleich zur Arbeit und kann nicht stundenlang auf dich warten."

„Nie hast du Zeit für mich", heult Franzi und zieht die Bettdecke sofort wieder hoch bis zur Nasenspitze.
„Aber heute Nachmittag bin ich doch wieder da", sagt Mama
und nimmt Franzi mitsamt ihrer Bettdecke in den Arm. Da
muss Franzi nur noch mehr weinen. Mama hält sie ganz fest.
Eine ganze Weile sitzen sie nur da, und Mama hält Franzi im
Arm. Franzi hat immer noch ihren Schlafanzug an.
„Moment, Franzi", sagt Mama. „Ich rufe bei der Arbeit an und
sage, dass ich heute später komme."
Franzi kuschelt sich noch mal in ihr Bett. Nach einer Weile
kommt Mama vom Telefonieren zurück.

„So, meine Große", sagt sie und kuschelt sich zu Franzi ins Bett. „Was ist denn los im Kindergarten?"

„Der Christopher ruft jeden Morgen, wenn ich komme, FF. Ganz laut und immer wieder", erzählt Franzi.

„Ja, und was heißt FF?", fragt Mama.

„Fette Franzi." Jetzt muss Franzi wieder weinen. „Und die anderen Kinder lachen dann."

„Das ist wirklich gemein", sagt Mama. „Fett bist du überhaupt nicht, mein Schatz."

Mama streichelt Franzi. „Du bist vielleicht etwas anders, aber du bist gut, so wie du bist."

„Wie anders?", will Franzi wissen.

„Du bist recht groß und vielleicht etwas breiter, sonst nichts", antwortet Mama. „Außerdem hast du wunderschöne blaue Augen und ganz tolle lange, blonde Haare."

Franzi hüpft aus dem Bett und stellt sich vor den Spiegel. Sie betrachtet sich von allen Seiten.

„Findest du wirklich, Mama?"

„Na klar", meint Mama. „Du bist mein wunderschönes, großes Mädchen. Du, ist der Christopher nicht so ein kleiner WZC?"

„Was ist denn ein WZC?", fragt Franzi und muss lachen.

„Wurzelzwerg-Christopher, was denn sonst?", sagt Mama lachend. „Aber sei nicht so gemein wie Christopher und nenn ihn vor den anderen so. Mach es heimlich."

Viel sicherer fühlt sich Franzi jetzt auf einmal. Ich habe eine Geheimwaffe, denkt sie sich.

Frohen Mutes gehen Mama und Franzi in den Kindergarten.

„Tschüss, mein Schatz", ruft Mama ihr zu und ist auch schon verschwunden.

Etwas mulmig ist Franzi jetzt doch plötzlich. Da kommt Christopher auch schon angelaufen.

„Hallo, FF", ruft er schon von Weitem. „Bist wohl nicht aus dem Bett gekommen?"

WZC, WZC, denkt sich Franzi und lacht Christopher freundlich an.

Der guckt so verdutzt, dass sich Franzi richtig freut und richtig laut lachen muss. „WZC", sagt sie ganz freundlich und leise zu ihm.

„Was soll das denn?", fragt Christopher.

„Na, Wurzelzwerg-Christopher!" Franzi grinst, und auf einmal fallen ihr noch viele andere Sachen ein: KK wie kleine Kröte, GF wie Giftzwerg oder gar WW wie winziger Wicht ...

Christopher schaut auf einmal ganz verunsichert. Plötzlich dreht er sich einfach um und geht.

Endlich habe ich meine Ruhe, denkt sich Franzi zufrieden.

„Was hast du denn mit Christopher gemacht?", will ihre Freundin Ruth wissen.

„Ich habe heute etwas anders gemacht", antwortet Franzi. „Aber das ist geheim. Komm, lass uns was spielen."

Und schon flitzen die beiden in die Klötzeecke.

Nachmittagsfreunde

Leonard und Luise sind Nachbarn. Sie wohnen Tür an Tür in der dritten Etage. Fast jeden Nachmittag besuchen sie sich. Zusammen sitzen sie dann bei Luises Schildkröte und bauen ihr eine Burg. Oder sie geraten auf eine einsame Insel mit gefräßigen Krokodilen und Schlangen. Manchmal sind sie auch unterwegs zum Ende der Welt. Kämpfen gegen schwere Stürme und Unwetter an und schon einige Male hat Leonard Luise gerettet. Luise Leonard übrigens auch. Nachmittags sind Leonard und Luise die besten Freunde.

Nur am Morgen, wenn sie zur Schule gehen, klappt es mit ihnen beiden jedes Mal nicht. Entweder geht Leonard Luise voraus oder er ist so spät dran, dass Luise schon vorgehen muss. Und sie setzt sich zu ihren Freundinnen Lena und Kim.

In der Pause springt Leonard mit seinem Freund Marco als Erster davon und sie balancieren über den Fahrradständer. Schneiden Grimassen wie Clowns. Und sie ziehen die Mädchen an den Haaren.

„Was soll das?", ruft Lena. „Hört auf!"

Aber die Jungen lachen.

„Ihr seid gefangen!", ruft Marco und hält Kim am Arm. „Wir sind nämlich die Indianer und ihr seid die Squaws."

„Sind wir nicht!" Kim reißt sich los und tippt sich mit dem Finger an die Stirn.

„Quatschköpfe!", sagt Luise.

Als sie wieder in die Klasse zurückgehen, halten Marco und Leonard sich die Nasen zu. „Weil es hier stinkt", sagen sie.

„Tse", machen Lena, Kim und Luise. Dann sitzen sie alle wieder auf ihren Plätzen und Frau Siebental liest ihnen ein Frühlingsgedicht vor.

Am Nachmittag turnt Luise auf ihrem Bett. Und niemand kommt zu Besuch.

Leonard muss mit Mama in die Stadt, neue Schuhe kaufen. Und eine Jeans. Danach muss er sein Zimmer aufräumen.

Und ein Löwenposter aufhängen. Seine Lieblings-CD hat er auch noch nicht gehört.

Luise wartet noch ein bisschen. Dann lässt sie es sein. Weil Leonard ein Quatschkopf ist. Und weil sie außerdem auch nicht stinkt.

Beim Abendessen erzählt Mama von Eva-Marie. Die ist Luises große Cousine und heiratet bald ihren Boris, in den sie verknallt ist.

Etwas später liegt Luise im Bett. Und sie stellt sich vor, wie es ist, wenn Eva-Marie und Boris sich küssen. Und wenn sie Hochzeitskleider tragen und alles. Gern hätte sie Leonard davon erzählt. Aber mit Leonard redet sie im Moment nun mal nicht.

Als sie in die Schule kommt, macht er wieder „Pff!". Und er hält sich die Nase zu wie Marco und Ben. Und er guckt beim Turnen auch nur kurz zu ihr hin, obwohl sie den Handstand diesmal besonders gut kann.

Leonard kaut auf seiner Lippe.
Bei ihm zu Hause hat sie auch schon einen Kopfstand gemacht. Und sie sind auf den Schrank geklettert und haben gekichert. Gleich nach dem Mittagessen klingelt er bei Luise an der Wohnungstür und sagt, als sie ihm öffnet: „Vielleicht können wir Nachmittagsfreunde sein."
„Und was sind wir morgens?", fragt Luise.
Leonard kratzt sich am Arm. „Na ja." Er verzieht sein Gesicht. „Du bist doof", sagt Luise und schließt vor Leonards Nase die Tür.
„Bin ich nicht", murmelt Leonard nur und geht in seine Wohnung zurück, aber an diesem Nachmittag fällt ihm irgendwie nichts Richtiges ein. Sein Zimmer ist bereits aufgeräumt. Und zum Alleinspielen hat er keine Lust. Er denkt an Luise. Und daran, dass er kein bisschen doof ist, er nicht. Den ganzen Nachmittag denkt er daran. Auch am Abend und sogar in der Nacht.

Als er Luise morgens zur Schule abholen will, ist sie leider schon weg. Später sieht er sie wieder bei Lena und Kim stehen. Und sie dreht sich nicht nach ihm um. Dafür empfangen Marco und Ben ihn stürmisch. „Ärgern wir nachher wieder die Mädchen?"

Leonard zuckt mit den Achseln. „Vielleicht", sagt er und ist froh, dass Frau Siebental in diesem Augenblick kommt. Sie hat eine große Kiste voll alter Hüte, Kleider und Jacken mitgebracht, in die Leonard als Erster hineinsehen darf. Ein bisschen muffelig riecht es darin.

Leonard zieht an einem Stück weißen Stoff. Er zieht und zieht, denn der Stoff ist riesig und lang. Und als er ihn endlich aus der Kiste heraus hat, bricht Gelächter und Jubel aus. Leonard hat ein Brautkleid erwischt, das er natürlich gleich anziehen soll.

Leonard schluckt. Aber dann macht er es: steigt in das Brautkleid, das viel zu groß für ihn ist.

„Eine Braut ohne Bräutigam ist keine richtige Braut!", ruft plötzlich einer, und alle sind begeistert, wollen Leonards Bräutigam sein.

Frau Siebental lacht. „Also!", sagt sie. „Dann such dir mal einen Bräutigam aus!"

Leonard zögert. Ganz sicher ist er sich nicht. Und wer weiß, ob sie überhaupt will ...? Noch bevor er es sich wieder anders überlegt, sagt er schnell: „Ich nehme Luise."

Einen Moment ist es still. Leonard hält die Luft an. Guckt lieber gar nicht erst zu ihr hin. Aber dann steht sie tatsächlich auf und die ganze Klasse klatscht und johlt und alle trampeln mit den Füßen.

Luise wird in einen schwarzen Frack mit Hut und Fliege gesteckt. Und wenig später stehen sie beide auf dem Pult und es wird Hochzeit gefeiert.

„Herzlichen Glückwunsch", sagt Frau Siebental.

Leonard und Luise gucken sich an. Nur küssen tun sie sich an diesem Tag nicht.

Kai kann's

Es war schon ein ziemliches Drama.

Immer wenn Kai schnell irgendwo hinlaufen wollte, passierte es. Da wuchs aus der ebenen Straße plötzlich boshaft ein Pflasterstein.

Manchmal war es auch eine Stufe. Klar, dass Kai stolperte.

Und wieder war ein Knie zerschrammt, ein T-Shirt schmutzig, ein Hosenbein zerrissen. Kai weinte.

Kais Mutter tröstete. Aber sie sagte auch: „Kannst du denn nicht aufpassen?"

Oder beim Frühstück. Kai wollte nach der Marmelade greifen. Da sprang blitzschnell die Katzentasse mit dem Kakao dazwischen. Klar, dass der Kakao danach verschüttet war.

Und die Marmelade auf dem Boden. Niemand kann ein Glas festhalten, wenn Katzentassen springen.

Kais Mutter sagte ziemlich laut: „Kannst du denn nicht aufpassen?"

Oder beim Anziehen. Kaum wollte Kai seine Jacke anziehen, da versteckten sich die Ärmel irgendwo tief im Inneren der Jacke. Die Knöpfe waren plötzlich viel zu groß für die Knopflöcher. Und saßen überhaupt an der falschen Stelle. Niemand kann eine Jacke anziehen, wenn die Ärmel nicht da sind und die Knöpfe verrücktspielen.

Kais Mutter sagte verärgert: „Andere Kinder in deinem Alter können das längst!"

Der Winter brachte noch zusätzliche Schwierigkeiten mit sich. Wegen der Kälte. Man braucht Unterzeug, Strumpfhosen, Jeans, eine Überhose gegen die Nässe, einen Pullover, einen Anorak, einen Schal, Fäustlinge, eine Mütze, Fellstiefel. Irgendwann waren dann die Ärmel an ihrem Platz, der kaputte Reißverschluss repariert, die Stiefel am jeweils richtigen Fuß, das abgerissene Schuhband geknüpft. Und dann sagte Kai mit schöner Regelmäßigkeit: „Ich muss mal."

Kais Mutter knirschte mit den Zähnen und sagte nichts. Aber Kai wusste, was sie nicht sagte.

Oder die Sache mit den Büchern. Kai liebte Bilderbücher. Mehr als alle anderen Spielsachen. Kai bestand darauf, selbst umzublättern. Ganz vorsichtig natürlich. Aber plötzlich – mitten in der Geschichte – wollte das Buch weghüpfen. Kai musste es natürlich festhalten. Und wieder war ein Riss in der Seite.

Kais Mutter sagte zu Kais Vater: „Das Kind nervt. Wie kann ein einziges Kind so ungeschickt sein?"

Kai saß in seinem Zimmer und befühlte die Beule an seiner Stirn. Die Tischkante hatte sich ihm ganz gemein in den Weg gestellt. Da sprang eine große graue Katze neben ihn aufs Bett. Das wäre an sich nichts Besonderes. Für jemanden, der eine große graue Katze hat. Aber Kai hatte keine große graue Katze. Er hatte gar keine Katze. Er hatte ein Problem.

„Hast du ein Problem?", fragte die große graue Katze.

„Und ob", sagte Kai. „Ich bin total ungeschickt. Ich kann nicht aufpassen. Das nervt. Sagt meine Mutter. Außerdem tut es weh."

„Alle Menschen sind ungeschickt", sagte die große graue Katze. „Das liegt daran, dass sie keine Katzen sind."

„Aber andere Kinder sind geschickter als ich", sagte Kai. „Und die sind auch keine Katzen."

„Andere Kinder sind andere Kinder", sagte die große graue Katze. „Und du bist du. Denk dir einfach: ‚Kai kann's.'"

„Das soll helfen?", fragte Kai und stolperte über einen Hausschuh, der sich heimtückisch quer gestellt hatte. Manche Hausschuhe neigen zur Bosheit. Besonders die klein karierten.

„Siehst du, was ich meine?", sagte Kai. Aber die große graue Katze war verschwunden.

Auf dem Spielplatz wartete Sarah schon auf Kai. Sie war wütend.

„Weißt du, was Gregor zu mir gesagt hat?", fragte sie Kai.

Kai wusste es nicht. Aber Sarah sagte es ihm.

„Mädchen sind blöd!" Das war's, was Gregor behauptet hatte.

Eben kam Gregor die Rutsche herunter. „Minderhirniger Siebendümmling!", sagte Kai zu ihm.

„Minderhirniger Siebendümmling", wiederholte Sarah bewundernd. „Das ist toll. Wäre mir nie eingefallen."

„Du bist ziemlich geschickt im Wörterwerfen", sagte die große graue Katze. Die saß nämlich ganz plötzlich auf dem Klettergerüst.

Und dann, drüben bei der Schaukel, wäre jemand fast auf eine Raupe getreten. Aber Kai sah die Raupe rechtzeitig. Er ließ sie auf ein Blatt klettern und setzte sie im Park auf einem Strauch ab.

„Du bist aber ziemlich geschickt im Raupenretten", sagte die
große graue Katze. Sie saß jetzt auf dem Baum nebenan.

Als Kai mit seiner Mutter nach Hause kam, saß die große graue Katze vor der Terrassentür. Vielleicht ist es ja eine
Zauberkatze, dachte Kai. Die sind bekanntlich nicht hungrig.
Aber wenn es keine Zauberkatze ist, dann ist es bestimmt eine
hungrige Katze.

Kai zerbröckelte den Käse aus seiner Semmel und stellte ihn
auf einem kleinen Teller vor die Tür. Vielleicht auch eine Scha-
le Wasser?, dachte Kai.

„Du bist aber ziemlich geschickt im Katzenkennen", sagte die
große graue Katze. Sie begann genussvoll an einem Käsestück
zu kauen.

An diesem Abend sprang die Katzentasse nicht. Und das Bilderbuch hielt still. Und die Überschwemmung im Badezimmer war so niedrig wie nie. Nur der Schlafanzug bekam einen Riss ab, weil ihn die Türklinke festhalten wollte. Es war aber nur ein ganz kleiner Riss.

Ich bin geschickt im Wörterwerfen, im Raupenretten, im Katzenkennen. Das ist doch was, dachte Kai. Das ist sogar eine ganze Menge. Auch die klein karierten Hausschuhe hatten begriffen. Sie machten ganz bescheiden Platz, als Kai ins Bett kletterte.

„Na bitte, geht ja", murmelte er.

Quellenverzeichnis

Reider, Katja Der Superflitzer, aus: Katja Reider, Vertragen wir uns wieder?, © 2003 Loewe Verlag GmbH, Bindlach

Schreiber-Wicke, Edith Kai kann's, © Rechte bei der Autorin

Zeevaert, Sigrid Nachmittagsfreunde, © Rechte bei der Autorin

Zöller, Elisabeth/Kolloch, Brigitte Fette Franzi, aus: Die lustigsten Kindergarten-Geschichten, © Ellermann im Dressler Verlag, Hamburg 2013, ISBN 978-3-7707-2470-3